J'ai sept ans.
J'habite une maison en ville, avec :
un poisson rouge et bleu,
un minus Victor sans poils,
une moyenne Louise aux poils tressés,
une grande Marion aux poils frisés,
et un géant Pierre sans poils sur le dessus.
Je m'appelle Pépère, j'ai sept ans,
et comme je suis le plus âgé,
c'est moi le chef !

Pour la tribu du 45, avenue Victor Hugo.
R. B.

Photographies : © Ronan Badel

87, quai Panhard-et-Levassor – 75647 Paris Cedex 13
www.flammarion-jeunesse.fr
ISBN : 9782081446809 – N° d'édition : L.01EJEN001547.A002
Imprimé en Espagne par Edelvives – novembre 2019
Dépôt légal : septembre 2019
Loi n° 49-956 du 16 juillet 1949 sur les publications destinées à la jeunesse

Ronan Badel

ma première BD

PÉPÈRE LE CHAT

La maison du chat

PÈRE CASTOR

PAPA ! PAPA ! Y A UN GROS CHAT SOUS LA VOITURE !
MON DIEU, CHÉRI, VIENS VOIR COMME IL EST GROS.
OUH LÀ, IL EST ÉNORME.
On le garde, papa ? S'il te plaît, on le garde ?
Quand même... Il est gros !

Un temps de chien

Je suis devenu propriétaire un jour de giboulée.

À mon âge, il était grand temps que je pose mes fesses au sec.

Et comme je dis toujours, une maison sans chat, c'est une cheminée sans feu.

J'ai visité beaucoup de maisons ce jour-là. Il faut être très exigeant et ne jamais oublier que c'est pour la vie.

On doit prendre en compte la taille du jardin, l'exposition au soleil et, bien sûr, la qualité du personnel.

Le jour diminuait, un nouvel orage se profilait, et je n'avais toujours pas trouvé le petit chez-moi-douillet que j'espérais…

Croyez-moi, quand il pleut des cordes et qu'il n'y a même pas un bout de lune pour éclairer sa route, le plus intelligent des chats n'a qu'une envie… s'abriter au plus vite.

La suite, vous la connaissez…

Finalement, je n'ai pas trop eu le choix. Le hasard et beaucoup de pluie avaient décidé pour moi. Quand au personnel occupant, j'allais devoir faire avec…

La colocation

Avoir une maison, quand on est un chat, ça veut dire apprendre à faire des concessions.

Dans la vie, on ne choisit pas son prénom… C'est dommage. Mais pas très grave quand on est un chat. Un chat ne répond jamais quand on l'appelle. Alors, Pépère ou Jean-Claude…

J’ai assez vite trouvé mes repères dans cette maison.
D’abord, j’ai remarqué qu’il n’y a pas de chef.

Tant mieux, je déteste recevoir des ordres.

Puis nous avons réglé la question ô combien essentielle des repas.

Mes colocataires m'ont aussi installé une deuxième litière dans le salon, pour que je n'ai pas à descendre dans la cave quand je suis pressé.

Une jolie litière avec plein de couleurs...

Petit à petit, nous avons appris à nous connaître.
Et ils ont compris très vite que si les humains
ne sont pas tous de grands sportifs…

… Il en va de même pour les chats.

Pour finir, en moins d'une semaine,
chacun a trouvé sa place.

C'est plutôt un bon début…

Une maison, pas une prison

Je suis un félin. Plus petit qu'un tigre, mais pas mal gros pour un chat.

Et pas question que je demande la permission pour aller me faire une petite balade.

Les chats ne sont pas des chiens.

Je suis un chat libre,
je resterai un voyageur
qui laisse le hasard décider
de sa route, et aussi
de ses atterrissages.

Une maison, ce n'est pas une prison. Et moi,
j'ai besoin de prendre l'air de temps en temps.

Je vais au cinéma ou à la piscine.

Je fais un peu de sport… et une longue sieste.

Et, pour terminer la journée, je vais sur les quais à la recherche du dernier rayon de soleil qui pourra me réchauffer le museau.

Vraiment, le bonheur, c'est de partir quand on sait où revenir.

Je me moque de l'obscurité. Comme tous les chats, je peux voir dans le noir.

Quand il faut rentrer à la maison, pas de problème ! Un chat retrouve toujours sa route.

Et si jamais je me perds,
ce qui n'arrive jamais,
ou presque, je sais garder
mon calme et ma dignité.

Tous les chemins mènent à la maison…
Faut juste être patient.

Pierre et Marion

On dit que les chats passent les deux tiers de leur vie à dormir… Moi, c'est plus.

Je peux m’endormir n’importe où et d’un coup.

Pierre et Marion sont fatigués. Ça se voit,
ils sont tout pâles et tout maigres.
Dès les premiers jours dans cette maison,
j’ai décidé de leur donner des leçons de sommeil.

Pierre bricole comme moi je chasse les souris… c'est-à-dire jamais. L'idée étant de faire croire aux autres que ça peut arriver à tout moment.

Comme le jour où il m'a construit une chatière.

J'ai compris que la journée serait longue.

Pierre sciait la porte du garage comme certains chats (pas moi) s'excitent avec une balle rebondissante.

À la fin de la journée, il ne restait plus grand chose de la porte.

Ensuite, le grand Pierre est allé faire une sieste. Je crois que mes leçons de sommeil commencent à porter leurs fruits.

Marion est pianiste. Elle passe tout son temps à tapoter sur des touches blanches et noires pour faire des musiques.

C'est fou le nombre de fausses notes qu'elle arrive à faire avec dix doigts.

Nous, les chats, avons
les oreilles sensibles.
Je devais à tout prix
aider Marion pour
sa carrière de pianiste…
et pour le bien-être
de la colocation.

J'ai commencé les cours de piano dès mon arrivée.

La leçon n'a duré qu'une dizaine de secondes. Marion m'a remercié et s'est remise au travail pour appliquer mes conseils au plus vite.

Depuis, quand elle joue du piano, elle ferme la porte. C'est déjà ça.

Louise et Victor

Louise, c'est ma chouchoute. J'adore ses tresses ; elles sont de la même couleur que mes rayures.

Cette petite a toujours des idées géniales pour passer le temps quand je ne dors pas.

Franchement, Louise mériterait d'être un chat.

Pourtant, un matin, Louise a eu une drôle d'idée.
Une envie saugrenue, qui m'a réveillé d'un coup.

Vous voyez, je n'ai rien contre les chiens, cet animal sans personnalité qui obéit au doigt et à l'œil et qui bave partout. Mais là, quand même, Louise exagérait. Pourquoi pas un hippopotame, tant qu'on y est !

Non, Louise, ce n'est pas un zoo ici. Et un chat et un chien ne font pas toujours bon ménage.
Églantine, elle a deux chats et un chien.
C'est non! Finis ton bol.
SNIF

Bon, j'avoue… Je n'aime pas trop les chiens. Mais ce que j'aime encore moins, c'est quand Louise est triste.

Pour qu'elle retrouve le sourire, j'ai fait un drôle de truc. Je me suis mis à faire le chien.

Toute la journée, j'ai joué au toutou. J'ai même sacrifié mes trois siestes quotidiennes.

À la fin, je n'en pouvais plus.
C'est épuisant, une vie de chien.

Mon plan « toutou-en-folie-super-baveux » a trop bien marché. Le lendemain matin, Louise ne voulait plus de chien.

Avec une Louise dans cette maison, j'allais devoir me mettre au sport. C'est peut-être pas plus mal.

Un chat ne ressemble vraiment pas à un être humain…
à part peut-être à Victor.
Victor et moi, on a quand même un tas de points communs.
Tous les deux à quatre pattes…

Pareils quand on a un petit creux…

Ou quand on a mangé trop d'herbe.

Comme moi, Victor est assez indépendant.
Faut toujours garder un œil sur lui.

C'est le champion du 100 mètres à quatre pattes.

Et puis, ce n'est pas facile de chercher un Victor haut comme trois pommes.

Totor et moi, on est pareils. On bat tous les records avec nos quatre pattes. Mais quand on mangé trop de croquettes, faut qu'on fasse la sieste.

Une famille

Un vieux chat de gouttière m'a dit un jour que la plus grande des libertés, c'est de pouvoir choisir sa famille.

Pas sur mes poupées !
Pas sur l'imprimante !
TCHIK TCHIK
Pas là !
ROOON

Victor, Louise, Marion et Pierre m'adorent.
Je peux le sentir. Chacun est à sa place dans cette famille. Je crois que je vais rester ici, avec eux.